Titre original : *Old Style Lenormand.*

U.S. Games Systems, Inc.
179 Ludlow Street
Stamford, CT 06902 USA
www.usgamesinc.com

19, rue Saint-Séverin 75005 Paris
ISBN : 979-10-242-0685-1
info@guytredaniel.fr
www.editions-tredaniel.com

Traduit de l'anglais par Tristan Pilloix.

Imprimé en Chine

DERVY

HISTOIRE DE L'ORACLE LENORMAND

Mlle Lenormand était une célèbre voyante française ayant un talent hors du commun pour prédire l'avenir. Marie Anne Lenormand est née en 1722 dans la ville d'Alençon près de Paris. En raison de ses capacités effrayantes, ses parents l'ont envoyée vivre à l'orphelinat d'un couvent. C'est là, à la bibliothèque, que la jeune Marie se plongea dans les livres et manuscrits ésotériques pour essayer de comprendre ses visions. À l'âge de 16 ans, la jeune fille s'installe à Paris et, deux ans plus tard, elle ouvre son salon de cartomancie. En quelques années, le salon devint très populaire grâce à ses prédictions incroyablement précises.

Il existe deux récits de l'apparition des cartes divinatoires Lenormand. Un récit raconte que le premier jeu de cartes fut offert à Marie par un gitan. Le second, plus mystérieux, affirme que la sibylle aurait trouvé le jeu de cartes dans sa maison lors de son retour du couvent, et que des images prédisant le sort de personnes inconnues avaient commencé à apparaître sur les cartes.

À PROPOS DE L'ORACLE LENORMAND

La principale distinction de l'oracle Lenormand est sa simplicité à être interprété par rapport à d'autres pratiques de divination, telles que le tarot ou les runes. En effet, lors de la création de cartes divinatoires, il est courant d'utiliser des images secrètes, des symboles ésotériques et des implications cachées.

Cependant l'oracle Lenormand utilise des images simples et claires sans symbolisme inutile ou éléments superflus. Cela simplifie l'interprétation de l'oracle et la rend plus précise. Cette approche a permis au Lenormand de devenir très populaire parmi les praticiens professionnels et les amateurs souhaitant obtenir des réponses à leurs questions.

Le Lenormand se distingue également des autres méthodes par l'utilisation d'un signifiant : une carte symbolisant un homme ou un objet de divination. Il s'agit plus souvent de la carte du « Homme » ou « Femme », selon le sexe de ceux qui se font tirer les cartes. Par exemple, si une femme pose des questions sur son amant masculin, alors le signifiant est une carte « Homme ». Cette carte à un rôle actif dans la disposition des cartes et est interprétée en interaction avec les cartes voisines.

Toute personne qui pratique la cartomancie doit comprendre que les cartes ne sont qu'un instrument pour obtenir des informations. En effet, l'instrument utilisé pour obtenir ces informations importe peu. Ce qui importe, c'est votre volonté personnelle de connaître la vérité et la précision de l'utilisation de cet instrument. Si le lecteur n'a pas l'intention de « trouver la clef » de son tirage, les cartes ne donneront pas de réponse précise aux questions posées.

Le consultant doit respecter les règles du type de voyance qu'il a choisi pour obtenir des informations. Il doit comprendre que des forces subtiles se cachent derrière les réponses, et elles ne doivent être sollicitées que pour des questions vraiment importantes. Il est déconseillé de faire des prédictions simplement pour se divertir car chaque tirage dépense l'énergie personnelle du praticien.

COMMENT POSER SES QUESTIONS

Si votre question est d'une grande importance pour vous et que vous êtes réellement prêt à accepter la nature même de votre situation, assurez-vous de la formuler clairement. Plus la question est floue, plus la réponse sera ambiguë. La question doit être aussi brève et précise que possible.

Vous pouvez écrire votre question sur un papier et la lire à haute voix. Cela vous aidera à déterminer si elle est bien formulée et si elle correspond vraiment à ce que vous souhaitez demander.

Les questions peuvent être divisées en trois catégories : une analyse de la situation, une obtention d'un pronostic et une réalisation d'objectifs.

L'analyse de la situation permet au lecteur de clarifier la raison des événements qui se sont produits. Les écarts d'analyse permettront de révéler le sens caché de l'événement, de trouver la cause première ou la source des problèmes.

L'obtention d'un pronostic permet d'envisager l'évolution d'un événement d'une manière ou d'une autre. S'il vous est difficile de prendre une décision ou de faire un choix, alors l'utilisation des cartes Lenormand vous montrera quel chemin sera le plus avantageux pour vous.

Si vous êtes intéressé par la réalisation d'un certain objectif, alors l'oracle

Lenormand vous aidera à trouver la meilleure façon d'atteindre le but désiré.

Lorsque vous posez votre question, adressez-la non pas aux cartes, mais directement aux forces en jeu. Ce sont elles qui représentent réellement la clef des cartes et de vos questions.

CE QU'IL FAUT DEMANDER AUX CARTES :

- demander comment un événement va évoluer si...
- demander ce qu'il faut faire dans une situation donnée afin d'obtenir un résultat en particulier.
- demander de révéler ce qui va se passer.
- demander de révéler la raison derrière quelque chose.

- demander de donner un indice sur ce qu'il faut faire pour obtenir quelque chose.

CE QU'IL NE FAUT PAS FAIRE :

- demander des réponses simples comme « oui » ou « non ».
- anticiper un choix parmi plusieurs varientes.
- rendre les cartes responsables.
- utiliser la négation dans ces questions, comme : « Pourquoi ne pas... ».
- répéter la même question afin d'obtenir une réponse différente.

Pour que votre travail avec l'oracle soit le plus efficace possible, vous devez avoir une idée claire de ce que vous attendez de la vie et des actes qui vous permettront d'atteindre le résultat souhaité.

LES CARTES

1. LE CAVALIER

Nouvelles, visites, voyages, déplacements

Cette carte apporte des nouvelles importantes. Les cartes voisines soulignent les points positifs et négatifs de cette nouvelle. La carte du Cavalier peut indiquer la voie à suivre afin de trouver une solution à un problème qui vous préoccupe. Cette carte prédit de nouvelles idées et de l'activité dans le milieu professionnel, ainsi que de nouveaux départs. Dans tous les cas, cette carte indique que quelque chose va bientôt se précipiter dans votre vie et apporter du changement.

Dans un tirage de **personnalité**, le Cavalier peut symboliser un coursier ou un homme avec des nouvelles.

Dans le cadre d'une **relation**, le Cavalier suggère que, dans un avenir proche, vous allez rencontrer quelqu'un qui pourrait vous apporter des informations. Cette carte peut également signifier un nouvel amour ou un flirt.

En ce qui concerne le **travail**, cette carte symbolise les négociations, les voyages d'affaires, le partage et la réception d'informations.

En termes de **bien-être**, cette carte est synonyme d'une récupération rapide, un esprit clair et felixble, une activité, ou la pratique d'un sport.

En matière de **finances**, le Cavalier symbolise un représentant autorisé pouvant résoudre vos problèmes et gérer vos biens.

2. LE TRÈFLE

La chance, le bonheur, le don du destin, l'attente

La carte du Trèfle est le symbole d'une aubaine spontanée, de fins heureuses, de chance et de succès. Il représente l'espoir que les choses se passent pour le mieux, et la fin des difficultés. Il présage une vie insouciante, même si elle est temporaire. Le Trèfle prédit la possibilité de réaliser vos projets les plus ambitieux et vos rêves les plus fous. Si vous avez reçu cette carte en combinaison avec des cartes négatives, elle vous met en garde contre l'effondrement de vos plans, une perte éventuelle et des circonstances décevantes.

Dans un tirage de **personnalité**, le Trèfle peut symboliser une personne simple, sans prétention, à qui la chance sourit.

Dans une **relation**, la carte du Trèfle indique des relations occasionnelles, éventuellement avec plusieurs partenaires, des rencontres sans obligations. D'un autre côté, elle peut aussi suggérer le développement d'une relation.

Dans le domaine du **travail** et des **finances**, cette carte prédit un revenu complémentaire modeste mais spontané, et une bonne position professionnelle. En affaires, cette carte vous met en garde contre des transactions risquées.

Pour le **bien-être**, le trèfle est un présage de prospérité, de communication légère et facile, ainsi que de confort.

3. LE VAISSEAU

Voyage, prévision, croissance, opportunité

Cette carte est synonyme de succès dans les affaires, notamment lors d'un voyage. Le Vaisseau symbolise quelque chose de nouveau entrant dans la vie d'une personne pour la changer, parfois même de façon radicale. En effet, s'améliorer professionnellement requiert de l'initiative, un changement d'habitudes, une motivation intérieure et l'envie de se changer soi-même.

Dans un tirage de **personnalité**, cette carte symbolise ceux qui surmontent de grandes distances : les marchands, les voyageurs, les agents touristiques, les maîtres spirituels ou les traducteurs.

Concernant une **relation**, cette carte signifie une période favorable et des changements bénéfiques.

Le Vaisseau peut également indiquer des relations temporaires : sur la route ou dans la vie, par exemple un flirt occasionnel.

Dans le cadre du **travail**, le Vaisseau peut indiquer des transactions ou des échanges avec des partenaires étrangers, des connexions bénéfiques pour des affaires internationales. Il suggère également des voyages à l'étranger.

En matière de **bien-être**, cette carte suggère des changements dans le mode de vie habituel et un potentiel positif. Cependant, combinée à des cartes négatives, elle met en garde contre d'éventuels problèmes.

4. LA MAISON

Famille, stabilité, immobilier, protection

La carte de la Maison symbolise le confort, la stabilité et le sentiment de protection. Elle fait référence à quelque chose d'important qui peut demander beaucoup d'énergie.

Il peut s'agir d'une maison, du cercle restreint de la famille ou des amis, des loisirs, des affaires ou des tâches quotidiennes. La Maison symbolise également la réussite et vous protège d'événements désagréables. La Maison représente le courage et le désir de se battre pour ses propres intérêts. Elle évoque le repos, la confiance en l'avenir, le sentiment de sécurité que l'on ressent chez soi, et le désir de vivre selon ses propres conditions.

Cette carte symbolise les personnes étroitement liées à la notion du foyer : les familles, les personnes unies par le sang, les propriétaires ou vendeurs de biens immobiliers, les propriétaires fonciers ou les travailleurs domestiques.

Pour les **relations**, la Maison évoque des sentiments de stabilité, des liens forts, une dévotion aux traditions. Cette carte concerne tout ce qui est relié à la vie familiale et au foyer.

Pour le **travail**, la Maison peut présager un emploi stable ou un travail en tant qu'indépendant, mais aussi une petite entreprise familiale ou de faibles dépenses.

Pour le **bien-être**, cette carte peut symboliser l'acquisition d'un logement personnel ou au contraire, des problèmes liés à l'immobilier, à l'hypothèque ou aux dépenses domestiques.

5. L'ARBRE

Énergie vitale, force, santé, possibilités

Les idées principales symbolisées par la carte de l'Arbre sont une croissance stable, un caractère et des intentions solides, la capacité de profiter de la vie, une sagesse naturelle, une bonne santé ainsi que la puissance intérieure. Elle représente le fait de mûrir.

Cette carte suggère également un esprit clair et la capacité d'analyser rationnellement ses actions et les événements qui se déroulent autour de soi.

Dans un tirage de **personnalité**, l'Arbre symbolise une personne honnête et fiable poursuivant ses idéaux. Une personne pleinement épanouie capable d'envisager clairement son mode de vie. Par exemple un leader ou un homme d'affaires. Cette carte peut également suggérer quelqu'un lié au jardinage ou à l'aménagement paysager.

Dans une **relation**, l'Arbre révèle une attirance grandissante entre les partenaires et l'importance de l'attention et de l'amour au sein du couple.

Concernant le **travail**, l'Arbre indique un succès dans le développement des affaires, un soutien solide et un revenu stable. L'Arbre symbolise la possibilité de réaliser ses rêves, peut-être en développant son entreprise ou ses activités familiales.

Cette carte révèle que le **bien-être** sera apporté par une alimentation saine et un mode de vie actif, en faisant attention à sa santé et à la nature.

6. LE NUAGE

Crise, troubles, situation embrouillée, doutes

La carte du Nuage prévient de troubles, de maladies ou d'événements que vous souhaiteriez éviter.

Cette carte révèle des dissonances dans l'âme et des conflits dans le monde professionnel. Mais aussi des circonstances inattendues pouvant saboter les plans les mieux préparés. Ces périodes difficiles exigent de la patience et de l'autodiscipline pour éliminer les excès et trouver de nouveaux moyens de surmonter les crises.

Dans un tirage de **personnalité**, cette carte symbolise une personne peu sincère, voire dangereuse qu'il faut éviter. Une personne pessimiste pouvant dégager une énergie négative.

Dans une **relation**, le Nuage indique que les sentiments sont mis à rude épreuve.

Il peut y avoir un manque de compréhension ou des motifs cachés. Il est difficile de voir les vraies raisons derrière les problèmes, surtout lorsque l'on est aveuglé.

Dans le domaine du **travail**, la carte du Nuage prédit un danger potentiel qui pourrait vous faire perdre de grosses sommes d'argent ou votre statut, à cause d'événements majeurs ou d'une trahison de collègues.

Cette carte est un présage d'une aura d'incompréhension et une atmosphère lugubre.

Concernant le **bien-être**, cette carte indique des perspectives sombres et l'incapacité de contrôler la situation.

Il peut également y avoir des problèmes de santé persistants.

7. LE SERPENT

Jalousie, rivalité, tromperie, trahison...

La carte du Serpent est un avertissement signifiant qu'une personne dans votre entourage pourrait vous souhaiter du mal. Cette personne peut être capable de tromperie, de trahison, de jalousie ou de fausseté.

La menace peut être très soudaine. Il est essentiel de faire attention à vos paroles et à vos actions dans cet environnement de tromperie.

Dans un tirage de **personnalité**, le Serpent révèle un ennemi caché qui complote tranquillement pour attaquer au moment opportun. Il peut symboliser une personne intelligente et rusée qui utilise ses capacités pour manipuler et tromper.

En matière **d'amour**, la carte du Serpent peut être interprétée comme la construction de relations basées sur l'énergie sexuelle et le plaisir mutuel. Cette carte peut soulever des inquiétudes quant à l'infidélité ou la présence éventuelle d'un rival.

Dans le cadre du **travail**, cette carte est synonyme de difficultés, de manque de professionnalisme, de concurrence déloyale et de complots au bureau.

En matière de **bien-être**, le Serpent vous conseille de vous procurer les compétences nécessaires afin de vous battre pour vos intérêts.

Vous devrez surmonter les mauvaises habitudes et les tentations. En termes de santé, le serpent prédit un rétablissement réussi.

8. LE CERCUEIL

Limites, perte, maladie, fin

Cette carte a généralement une signification assez négative : de gros problèmes, une maladie grave ou même la mort... Tout ce qui est relié à la perte. Cette phase de la vie peut être marquée par de grands changements et une éventuelle crise. De vieilles peurs, des traumatismes ou des souvenirs distants peuvent refaire surface. Des limitations matérielles ou physiques peuvent empêcher d'aller de l'avant.

Dans un tirage de **personnalité**, le Cercueil signifie une personne épuisée, déprimée, peut-être bloquée dans des souffrances passées. Une personne de votre passé peut réapparaître.

Dans une **relation**, la carte Cercueil peut indiquer des différences critiques ou la « mort » de sentiments qui pourraient conduire à une séparation.

Pour le **travail**, cette carte symbolise des projets qui n'aboutissent pas ou des idées qui ne porteront pas leurs fruits. Il se peut que ce soit une période de crise pour votre entreprise ou votre vie professionnelle. Des contrats ou des emplois peuvent être perdus.

En matière de **bien-être**, cette carte signale un épuisement complet, une insensibilité face aux évènements ou la fin d'une longue maladie.

9. LE BOUQUET

Cadeau, bonheur, gratitude, succès

Le Bouquet est signe de bonheur et de joie au quotidien et d'une satisfaction générale à l'égard de la vie. Pour les femmes, cette carte symbolise un partenaire attentionné et bienveillant et un éventuel cadeau. Cette carte peut signifier un heureux évènement, la préservation de l'harmonie ou être synonyme de reconnaissance dans la société. Elle représente la beauté dans toutes ses manifestations : l'apparence, votre environnement ou la plénitude intérieure et le contentement.

Dans un tirage de **personnalité**, cette carte indique souvent une femme influente ou un homme dont la profession est liée à l'art.

Dans une **relation**, le Bouquet est considéré comme une excellente carte et promet une relation harmonieuse et remplie d'amour. Elle peut aussi signifier l'émergence de nouvelles relations ou la réactivation d'une relation antérieure.

Pour le **travail** et les **finances**, cette carte prédit le succès, l'augmentation des bénéfices et des revenus. Sous la protection de cette carte, vous pouvez accepter vos propositions professionnelles en toute sécurité.

Dans le domaine du **bien-être**, le bouquet indique un excellent état de santé ou une guérison immédiate. Cette carte peut également suggérer l'utilisation de plantes médicinales ou de pratiques liées à la beauté et aux soins du corps.

10. LA FAUX

Prudence, danger, avertissement, décision

La Faux présage la probabilité d'un accident, d'une collision ou d'une blessure grave. Considérez cette carte comme un avertissement. Soyez extrêmement prudent afin d'éviter le malheur. Évitez les comportements à risque chez vous et chez les autres. Les cartes à gauche de la Faux indiquent une source de danger, à droite, des moyens de l'éviter.

Dans un tirage de personnalité, cette carte indique une personne indifférente, malfaisante et calculatrice.

Dans une relation, elle indique un conflit soudain et une sérieuse menace pour celle-ci.

Pour faire face à cette crise, il faudra être prêt à faire des sacrifices et des compromis.

Dans le cadre du **travail**, la Faux met en garde contre de sérieuses pertes et des liaisons dangereuses. Vous devrez agir avec prudence afin de faire face à la fin de certaines transactions et à la baisse des revenus.

En matière de **bien-être**, la Faux indique la nécessité d'une intervention chirurgicale ou le risque de blessures graves.

11. LE FOUET

Querelle, discorde, punition, conflit

La carte du Fouet est un signe avant-coureur de querelles et de discorde dans les relations.

Il peut également indiquer un manque de compréhension entre amis ou associés. Cette carte révèle généralement une relation ou une amitié peu fiable, ou un mariage malheureux. Le Fouet évoque la possibilité d'une punition, révèle de l'anxiété, des tourments psychologiques ainsi que des problèmes récurrents. Les problèmes peuvent être dus à des changements dans les conditions de vie, à des désaccords ou à la divulgation de secrets. La résolution du conflit nécessite de faire table rase du passé.

Dans un tirage de **personnalité**, il caractérise une personne d'humeur changeante, agressive ou même autoritaire. Cette carte peut indiquer une personne désireuse de vengeance, se servant du mensonge, ou une personne accablée de troubles mentaux.

Dans une **relation**, cette carte indique un manque total de compréhension. La rancœur et la colère sont permanentes. Les querelles familiales peuvent conduire à de réelles disputes. En général, cette carte signifie des relations instables et peu fiables. Dans certains cas, il peut s'agir d'une perversion sexuelle.

Dans le cadre du **travail**, la carte du Fouet révèle des querelles avec des collègues ou des patrons. Elle peut conduire à la dissolution de contrats, à la rupture des négociations, voire au licenciement.

En matière de **bien-être**, cette carte symbolise une maladie débilitante, une tension nerveuse, un stress important ou une maladie mentale.

12. LES OISEAUX

Conversations, formation, communication

La carte des Oiseaux traite de la communication sous toutes ses formes : des appels téléphoniques aux e-mails jusqu'à une conversation banale. Il peut également s'agir de ragots, de rumeurs et de spéculations. Cette carte fait généralement référence à un groupe de personnes ayant des intérêts similaires, une communauté. Parmi ce groupe, il peut y avoir des personnes qui s'agitent et se plaignent d'une situation stressante. Mais ces problèmes sont temporaires et anodins, et peuvent être facilement résolus.

Dans un tirage de **personnalité**, elle parle d'un couple, d'époux ou de sœurs.

Cette carte peut symboliser une personne bavarde, flatteuse, instigatrice ou alors ennuyeuse.

Dans une **relation**, cette carte indique des doutes, des incertitudes ou une déception. Pourtant, ces évènements pourraient conduire à une nouvelle vision de relation, plus intime et attentionnée.

Dans le cadre du **travail**, la carte des Oiseaux met en garde contre un mauvais choix. Vous devrez peut-être repenser votre décision et ne pas vous précipiter.

Pour le **bien-être**, cette carte évoque la nécessité de prendre des précautions et d'accorder une attention supplémentaire à sa santé et à ses proches.

13. L'ENFANT

Enfance, confiance, nouvelle étape, immaturité

Cette carte signifie le début du chemin et la myriade d'options qui s'offrent à vous.

L'Enfant fait référence aux perspectives et aux potentiels, à quelque chose qui ne s'est pas encore développé. Il suggère la naïveté et la nécessité de faire confiance à des personnes plus expérimentées. Cette carte peut évoquer la possibilité d'une naissance ou d'un nouvel effort à fournir.

Dans un tirage de **personnalité**, elle peut indiquer des enfants ou des adolescents. L'Enfant peut aussi symboliser un adulte à la personnalité infantile :

quelqu'un de superficiel, simple d'esprit ou d'irresponsable.

Dans une **relation**, cette carte décrit des émotions à la fois tendres et puissantes, comme le début d'une histoire d'amour, la naissance d'un enfant, ou le désir d'avoir des enfants.

Dans le cadre du **travail**, cette carte suggère une approche naïve et non professionnelle des affaires. Cela peut signifier un manque d'expérience, de connaissances ou de qualifications. Une formation supplémentaire peut être nécessaire pour tirer parti de bonnes opportunités.

En ce qui concerne le **bien-être**, la carte de l'Enfant révèle un comportement irréfléchi ou la capacité à profiter de la vie de manière insouciante.

14. LE RENARD

Ingéniosité, manipulation, duplicité, flatterie, tentation

La carte du Renard traite de la ruse, de la capacité à savoir prendre des décisions et des atouts aidant à lutter pour sa survie. Cette carte incite à utiliser son intelligence et son discernement dans la poursuite de ses propres intérêts. Du côté négatif, le Renard peut signifier qu'une situation ou des personnes sont manipulées. La carte du Renard vous conseille d'être plus prudent et de tout garder pour vous. Pour éviter les trompeurs, il faut être rusé.

Dans un tirage de **personnalité**, le Renard peut indiquer une personne malhonnête, un trompeur, un fraudeur, un menteur, un manipulateur sophistiqué, un adolescent, un criminel ou un acheteur capricieux.

Dans une **relation**, il met en garde contre la malhonnêteté, les problèmes familiaux, une vie secrète ou des manigances.

Concernant le **travail**, le carte du Renard révèle des employés et des managers incompétents ou indignes de confiance.

Pour la **prospérité**, cette carte signifie l'égoïsme, le souci de ses propres intérêts, l'oisiveté, la manipulation et la satisfaction de soi.

En matière de **finances**, cette carte indique des contrats défavorables, frauduleux, un manque de moyens ou des concurrents malhonnêtes.

15. L'OURS

Force, pouvoir, grandeur, générosité, responsabilité

La carte de l'Ours symbolise le désir de s'atteler à ses objectifs les plus importants avec courage, persévérance et noblesse. Il peut s'agir de favoritisme et de protection de la part de personnes puissantes.

Il peut symboliser le désir de posséder des biens matériels ou au contraire la générosité. Dans son aspect négatif, L'Ours peut révéler la présence d'un ennemi qui vous veut du mal par jalousie ou pour raisons personnelles. L'Ours peut signifier un mentor, un rival redoutable ou une personnalité autoritaire.

Dans un tirage de **personnalité**, il caractérise une personne condescendante ou impérieuse. Il peut s'agir d'un grand ami, d'un modèle ou d'un supérieur, peut-être même un dirigeant. Au sens littéral, l'Ours est un homme massif et inaccessible, mais qui contient tout de même une part de douceur.

Dans une **relation**, cette carte signifie la loyauté, une relation dévouée, la protection ou l'amour parental.

Concernant le **travail**, la carte de l'Ours prédit un long partenariat avec des personnes fortes et couronnées de succès. L'Ours peut signifier une position en tant que leader, des transactions avantageuses et une entreprise bien établie.

En matière de **bien-être**, cette carte indique que l'on croit en sa force, son endurance et sa santé robuste.

16. L'ÉTOILE

Objectifs, réalisations, destin, inspiration, clarté

La carte de l'Étoile est un symbole d'espoir, d'inspiration et de prédiction. Mais elle révèle aussi que vous devez soigneusement évaluer vos capacités et vos objectifs. Le destin vous aidera à réaliser vos plans afin d'atteindre la prospérité. L'Étoile, c'est la réalisation du potentiel. Avec cette carte, ce qui était obscur devient clair.

L'inspiration devient une aspiration.

Pour un tirage de **personnalité**, la carte de l'Étoile décrit une personnalité sincère et équilibrée, quelqu'un qui a du charisme et du courage. Cette personne peut être décrite comme un rêveur, mais il/elle a une excellente intuition et apprécie la vérité.

Dans une **relation**, la carte de l'Étoile donne l'espoir d'une alliance solide, dans laquelle les sentiments exaltés et le respect mutuel l'emportent. Il s'agit d'une relation fondée sur la confiance.

En matière de **travail**, vous pouvez établir sans crainte des plans à long terme. Il est temps de jeter un regard impartial sur ses propres capacités. Vous pourrez y trouver de nouvelles découvertes, des projets créatifs et des récompenses inattendues.

En ce qui concerne le **bien-être**, la carte de l'étoile indique la bonne santé, la clarté de l'esprit, l'accomplissement des promesses et l'alignement réussi des circonstances.

17. LA CIGOGNE

Changements, attention, fidélité aux principes, traditions

La carte de la Cigogne symbolise les changements importants dans la vie, pour le meilleur ou pour le pire, en fonction des cartes voisines. La Cigogne peut apporter des nouvelles agréables et la fin d'une période stagnante, avec par exemple un déménagement ou une rencontre entre vieux amis.

Dans un tirage de **personnalité**, cette carte représente un homme de famille, très responsable et actif. Sa meilleure caractéristique est sa capacité à s'adapter à toute situation. La carte indique une profession liée à la prise en charge des autres.

Dans une **relation**, cette carte peut prédire le passage à un niveau supérieur. La remise en question des valeurs favorise la création d'une ambiance chaleureuse. Elle peut suggérer le désir d'avoir un bébé.

Dans le monde du **travail**, la Cigogne est le symbole de voyages d'affaires réussis, de partenariats internationaux et de transactions rentables. L'entreprise peut s'engager dans une nouvelle direction qui sera bénéfique.

Concernant le **bien-être**, la Cigogne promet des changements bénéfiques, un résultat positif, des vacances ou la guérison de handicaps tels que l'infertilité ou l'immobilité.

18. LE CHIEN

Amitié, loyauté, gentillesse, confiance, partenariat

La carte du Chien apporte un sentiment de sécurité associé à la présence d'un ami et d'une aide dans la vie, quelqu'un sur qui on peut toujours compter. Près des cartes positives, le Chien est un présage de chance. Près des cartes négatives, il indique un partenaire peu fiable et des amis peu sincères. Pour surmonter les obstacles, vous devrez faire confiance à votre instinct. Il y aura des situations dans lesquelles l'amitié sera mise à l'épreuve.

Dans le cadre d'un tirage de **personnalité**, cette carte représente un ami fidèle et loyal, quelqu'un sur qui vous pouvez compter dans la situation actuelle.

Dans une **relation**, la carte du Chien signifie la confiance en un partenaire, le sacrifice de soi au nom des sentiments, le soutien opportun et le désir de plaire à quelqu'un que l'on aime de tout son cœur.

Dans le cadre du **travail**, cette carte indique des partenaires de confiance qui poursuivent un objectif partagé. Le Chien indique des accords commerciaux mutuellement bénéfiques et des résultats fructueux.

Concernant le **bien-être**, il ne faut pas hésiter à demander de l'aide. Vous êtes également encouragé à déléguer certaines de vos responsabilités et à prendre du temps pour vous.

19. LA HAUTE TOUR

Protection, permanence, institutions, isolement, stabilité

La carte de la Haute Tour traite des résultats d'un travail et d'efforts constants apportant la stabilité et une position fiable. La Haute Tour symbolise les vraies valeurs, un endroit tranquille, un statut élevé, mais aussi la solitude et l'isolement. La Haute Tour symbolise une forteresse de compréhension dans les domaines du spirituel, du matériel et de la santé. Si elle est entourée de cartes négatives, elle a la signification opposée : sol instable, circonstances infructueuses, promesses non tenues ou maladie.

Dans un tirage de **personnalité**, la Haute Tour se réfère à une personne ayant un statut et une position élevée dans la société, une personnalité publique, un fonctionnaire, une autorité, et parfois une figure autoritaire comme un directeur ou un père.

Dans le cas d'une **relation**, cette carte évoque des relations inégales entre les âges, voire un ton condescendant, une approche purement commerciale.

Pour le **travail**, la Haute Tour est synonyme de bureaucratie, de hiérarchie, de règles rigides et d'institutions étatiques.

Concernant la **prospérité**, cette carte révèle des questions liées à l'État, une position forte, un revenu stable.

20. LE JARDIN

Société, vacances, activités, illusions

La carte du Jardin fait référence aux activités à l'extérieur de la maison, aux événements sociaux, aux rencontres, aux soirées et aux festivités. Cette carte peut parler des médias, de l'opinion publique, du professionnalisme. Cette carte incite à profiter d'un repos actif ou d'un loisir. Elle pourrait également indiquer la réussite de projets créatifs et sociaux. Dans un aspect négatif, le Jardin est synonyme d'illusions déraisonnables, de narcissisme et de relations superficielles. Cette carte suggère la nécessité de s'évaluer de façon plus réaliste.

Dans un tirage de **personnalité**, le Jardin symbolise ceux pour qui les liens sociaux et les connexions sont importantes. L'épanouissement émotionnel est dirigé vers l'extérieur.

Il peut s'agir d'un homme qui cherche des compagnons, à faire connaissance et à s'amuser. Ou quelqu'un qui accorde une grande importance à la réputation et au prestige.

Dans le cadre d'une **relation**, le Jardin révèle une relation superficielle, basée sur une activité commune plutôt que sur la profondeur des sentiments.

Concernant le **travail**, la carte du Jardin est synonyme d'un élargissement de ses contacts et réseaux professionnels. Elle est synonyme d'une période active de créativité et de célébration.

En ce qui concerne le **bien-être**, la carte du Jardin recommande d'organiser ou de participer à des réceptions et des rencontres ou de sortir à la campagne où l'on peut profiter de la nature.

21. LE MONT

Isolement, retard, obstacles, impasse

La carte du Mont symbolise la présence d'un obstacle sur votre route en direction d'un objectif.

Il peut s'agir d'une personne, d'événements imprévus ou de travaux supplémentaires pouvant ralentir votre progression. Le Mont est synonyme d'attentes non satisfaites ou d'immobilisme. Vous devrez chercher des solutions afin de contourner et voir le problème sous un autre angle. Ces obstacles peuvent finalement s'avérer être des leçons importantes. Cette carte peut également symboliser le respect des accords, l'adhésion aux règles, aux dogmes ou à l'autorité.

Dans un tirage de **personnalité**, le Mont symbolise une personne rigide entourée de problèmes. Il peut aussi s'agir d'une personne frustrée, ayant peu d'opportunités, souffrant de solitude et d'isolement.

Dans le cadre d'une **relation**, cette carte indique de sérieux défis, tels qu'un partenaire refusant de faire des compromis, ou une montagne de malentendus.

Sur le lieu de **travail**, la carte du Mont prédit de sérieux problèmes et des obstacles. Elle peut signifier une perte financière ou bien des tâches et projets ingérables.

En matière de **bien-être**, cette carte indique une détérioration de la santé et un traitement inefficace.

22. LE CHEMIN

Choix, décision, doute, incertitude, direction

La carte du Chemin indique un choix important, voire fatidique.

Il évoque les doutes que vous pouvez ressentir lorsque vous arrivez à la fin de la phase actuelle de votre vie et que vous abordez la phase suivante. Prendre des décisions est une grande responsabilité. La proximité des cartes négatives peut être lue comme un avertissement contre les mauvais choix.

Avoir trop d'options à sa disposition peut être déconcertant.

Dans un tirage de **personnalité**, cette carte symbolise une personne qui doit faire un choix. Elle peut être une personne indécise de nature.

Dans une **relation**, le Chemin indique l'incertitude des sentiments et un avenir incertain, peut-être même la présence d'un triangle amoureux.

Sur le lieu de **travail**, cette carte fait référence à de nouvelles orientations pour les affaires ou à un changement d'emploi. Cette carte suggère la nécessité d'adopter une conduite inflexible et de suivre le chemin, quelle que soit la quantité de travail demandée.

Pour le **bien-être**, le Chemin peut indiquer un diagnostic erroné et la nécessité de consulter quelques spécialistes.

23. LA SOURIS

Perte, destruction, dommages, complication, disparition

La carte de la Souris symbolise principalement la perte de quelque chose, une propriété endommagée ou le vol. Cependant, il est possible d'éviter la perte si vous en comprenez la raison et que vous prenez des mesures. Vous devez affronter les personnes de votre entourage qui veulent faire du mal aux autres. La carte de la Souris indique un état d'anxiété, d'agitation, des vices secrets ou de vieilles dettes.

Dans un tirage de **personnalité**, cette carte caractérise une personne intelligente et rusée, qui a de l'endurance, mais qui utilise ses qualités à des fins malhonnêtes.

Dans une **relation**, cette carte peut révéler des motivations intéressées et d'éventuelles tromperies. La Souris indique que les sentiments de l'un des conjoints commencent à être négligés. Il peut y avoir des vices cachés.

Dans le domaine des **affaires** et des **finances**, la carte de la Souris met en garde contre des problèmes importants qui pourraient entraîner des pertes matérielles, des vols, des dettes, des transactions ou des partenaires malhonnêtes, des ennemis cachés ou des escrocs.

En ce qui concerne le **bien-être**, cette carte indique qu'une grande quantité de stress nuit à votre santé.

L'épuisement et le développement d'une maladie grave sont de réelles préoccupations.

24. LE CŒUR

Amour, amitié, harmonie, bonheur, soutien

Le Cœur indique le confort, le bonheur et une relation amoureuse harmonieuse.

Il peut s'agir de nouvelles relations ou du renforcement de vos sentiments dans des relations établies, y compris dans les amitiés proches. Cette carte peut porter chance, apporter le soutien des autres, la prospérité et la satisfaction dans de nombreux domaines. Le Cœur indique un grand potentiel de développement personnel.

En combinaison avec des cartes négatives, il signifie la rupture des relations, les conflits, les expériences difficiles ou l'insensibilité.

Dans un tirage de **personnalité**, la carte du Cœur révèle une personne attentionnée qui sait donner avec son cœur. Elle se réfère à une personnalité lumineuse de votre entourage.

Il ou elle est amoureux(se), dévoué(e), créatif(ve), et apprécie la beauté.

Dans une **relation**, le Cœur indique l'harmonie avec l'être aimé, apportant confort et soutien émotionnel.

Dans un tirage sur le **travail**, le Cœur promet des circonstances rapides et fructueuses. Un partenariat commercial soutiendra vos projets et vous aidera à atteindre vos objectifs. Si la carte du cœur est présente, les émotions influenceront la prise de décision, mais de manière généralement bénéfique.

Pour le **bien-être**, la carte du cœur montre une prédominance d'émotions positives et d'attitudes saines.

25. L'ANNEAU

Promesse, dévouement, union, mariage, responsabilité

La carte de l'Anneau concerne principalement les relations fortes fondées sur l'engagement, comme les mariages réussis et les partenariats à long terme. L'Anneau indique la nécessité de savoir se montrer responsable, et d'avoir une approche sérieuse sur ses obligations. L'Anneau peut apporter une conclusion très attendue à des contrats ou autres accords souhaités mutuellement.

Des cartes négatives proches de celle-ci peuvent signaler la dissolution de l'union, un désaccord ou des conflits.

Dans un tirage de **personnalité**, l'Anneau révèle une personne sociable à qui l'on peut toujours faire confiance. Cette personne accorde beaucoup d'importance aux liens sociaux et est capable de s'engager dans des partenariats.

Dans une **relation**, l'anneau suggère un mariage ou une relation longue et stable. Il signale des affections fortes et un profond sentiment d'amour. Il peut s'agir de sentiments nouveaux ou de l'approfondissement d'une relation sérieuse.

Dans un tirage sur le **travail**, la carte de l'Anneau promet une coopération mutuellement bénéfique et la conclusion d'un contrat favorable. Elle témoigne d'un excellent partenariat, d'un travail d'équipe et d'une éventuelle entreprise commune.

En matière de **bien-être**, elle souligne la nécessité de prendre soin de sa santé en suivant scrupuleusement le traitement prescrit.

26. LE LIVRE

Information, secret, connaissance, potentiel

La carte du Livre traite de l'éducation, de la maîtrise de nouvelles compétences et de l'acquisition de nouvelles connaissances.

Le mystère ou le secret peut être révélé au grand jour ou rester dans l'ombre, mais il affectera profondément la vie de la personne concernée. La carte du Livre signifie un potentiel et des opportunités favorables, qui peuvent encore être inconnus. Cette carte peut faire référence au « Livre de la vie », le symbole des souvenirs et des événements passés.

Dans un tirage de **personnalité**, le Livre symbolise généralement une personne fermée, réservée, introvertie avec peu d'amis, mais qui demeure assez attirante.

Dans une **relation**, cette carte peut indiquer une relation avec une personne difficile et fermée. Le Livre peut suggérer la possibilité d'une histoire d'amour secrète ou d'un secret dans une relation.

En ce qui concerne le **travail**, la carte du Livre encourage à étudier en détail la question avant de se mettre au travail. Le projet peut nécessiter une formation supplémentaire ou avancée. Le travail en question comprendra des documents et des rapports.

Pour le **bien-être**, cette carte recommande de garder un régime strict. Les maladies ou symptômes cachés rendent impossible un diagnostic précis.

27. LA LETTRE

Nouvelles, message, documents, informations importantes

La carte de la Lettre peut symboliser un document officiel, notamment : un contrat, un certificat, un avertissement, un décret, un rapport ou une annonce. Cette carte fait référence aux tâches bureaucratiques, aux mises à jour et aux informations opportunes, qui peuvent être transmises par écrit ou par le biais d'appels, d'e-mails ou de conversations. La nature positive ou négative de la nouvelle dépend des cartes environnantes. La Lettre peut également indiquer un accord confidentiel entre deux personnes.

Dans un tirage de **personnalité**, la Lettre caractérise une personne curieuse, active et ouverte à la communication.

Dans une **relation**, cette carte prédit l'apparition de certaines informations concernant le couple. Il peut s'agir d'une relation à distance ou d'un amour « virtuel ».

Dans un contexte **professionnel**, la Lettre signale l'offre de transactions, de contrats ou, à l'inverse, l'obligation de rompre des contrats. Elle peut également parler de tout papier ou document lié à l'entreprise.

Concernant le **bien-être**, la Lettre peut signifier des informations médicales, telles que des prescriptions ou des résultats de tests.

28. LE MONSIEUR

Volonté, genre masculin, personnalité masculine, masculinité

Lors d'un tirage pour une femme, cette carte peut indiquer son amant, son conjoint, son frère, son père ou son fils. Le Monsieur représente le rôle de l'homme dans la vie du consultant.

Lors d'un tirage pour un homme, cette carte représente l'homme lui-même et symbolise la force d'esprit, la volonté, la persistance, la persévérance, la force et le courage. Dans un contexte négatif, la carte évoque l'insolence, l'arrogance, l'impolitesse, le manque de respect et l'agressivité.

Dans un tirage de **personnalité**, le Monsieur décrit un homme adulte, courageux, menant une vie active et agréable. C'est une personne qui accorde de l'importance à sa réputation, à ses loisirs et à ses affaires quotidiennes.

Dans une **relation**, la carte indique un partenaire responsable qui garde tout sous contrôle. Cette carte concerne la volonté de l'homme dans la relation.

Concernant le **travail**, la carte du Monsieur symbolise la capacité à prendre des décisions complexes, à diriger et à poursuivre ses objectifs avec persistance.

En matière de **bien-être**, pour un homme, elle peut symboliser les troubles sexuels. Pour une femme, il peut s'agir de problèmes hormonaux ou émotionnels.

29. LA DAME

Changements, personnalité féminine, genre féminin, féminité

Lors d'un tirage pour un homme, cette carte indique une épouse, une amante, une petite amie, une sœur, une mère ou une fille, une personne très importante pour le consultant, ou une femme très proche de lui. Lors d'un tirage pour une femme, cette carte est une représentation de celle qui pose les questions. Parfois, cette carte indique de sérieux changements dans un avenir proche. Elle peut également signifier le Yin, la passivité, la conformité, l'intuition ou les instincts maternels.

Dans un tirage de **personnalité**, la Dame symbolise un personnage à la féminité prononcée, une personne douce et gentille sachant créer une atmosphère chaleureuse à la maison et qui aime la vie domestique.

Pour une **relation**, la carte représente le rôle d'un parent, d'un partenaire ou d'un ami attentif.

Dans le cadre du **travail**, cette carte laisse entrevoir des changements qui nécessitent de faire confiance à votre intuition et de prendre des décisions inhabituelles. Elle incite à être plus flexible ou à chercher un compromis.

En matière de **bien-être**, il est question de conditions favorables, et de prendre soin de soi physiquement et émotionnellement.

30. LE LYS

Expérience, maturité, sagesse, honneur, pureté

Le Lys est une carte de vertus, promettant d'excellentes perspectives. Elle est symbole de réussites suite à de bonnes actions, de relations harmonieuses et d'environnements sains. Elle symbolise la recherche d'idéaux et le chemin pour trouver le bonheur. Elle peut signifier la présence d'une personne de haut rang ou d'un mentor spirituel.

Il se peut que les choses évoluent lentement, mais les résultats seront durables.

Dans un tirage de **personnalité**, cette carte symbolise une vision harmonieuse du monde. La carte fait référence à une personne mature et très calme, capable de profiter de la vie et d'en apprécier le luxe. Du côté négatif, le Lys pourrait symboliser la cupidité et l'égoïsme.

Dans le cadre d'une **relation**, la carte du Lys suggère une humeur romantique et une explosion de sentiments, qu'il s'agisse d'un amour platonique ou d'une relation passionnée.

Dans le cadre du **travail**, la carte indique l'importance d'être honnête et d'adhérer à ses idéaux. Elle indique également l'amour de son travail, la dévotion au travail d'équipe et de bonnes opportunités.

En matière de **santé**, le Lys présage une guérison complète de la maladie. Mais parfois, cette carte indique un risque d'empoisonnement.

31. LE SOLEIL

Énergie, bonheur, chance, résultats positifs, santé

La carte du Soleil symbolise l'énergie vitale, les intentions de réaliser ses objectifs et l'accord de forces supérieures. Le Soleil signifie le succès dans tous les domaines : gloire, victoire lors de compétitions, prospérité matérielle et spirituelle, joie de vivre, enthousiasme pour sa vocation, réalisation des objectifs. Cette carte fait référence à tous les aspects de la créativité. La présence du Soleil adoucit les cartes négatives.

Dans un tirage de **personnalité**, il caractérise des individus pleins de talent et d'énergie, qui sont optimistes, agréables et radieux dans tous les sens du terme.

Une personne aussi charismatique vous donnera envie de vivre une vie pleine et active.

Dans une **relation**, cette carte promet des sentiments sincères, des liens forts et généreux ainsi qu'une compréhension mutuelle. Le Soleil révèle un partenaire mûr sachant aimer et apprécier de manière véritable, sans hypocrisie ou arrière-pensées égoïstes.

Dans le cadre du **travail**, le Soleil promet des revenus stables, des projets réussis et une réalisation de son potentiel. Il symbolise le fait de gravir les échelons dans l'entreprise et indique une bonne période pour les affaires.

En matière de **bien-être**, le Soleil promet un rétablissement rapide ou le maintien d'une excellente santé. Cette carte permet de se détendre et de profiter de la vie.

32. LA LUNE

Protection, rêves, isolement, émotions, karma

La Lune est une carte à double sens. Elle symbolise la contradiction entre la soif de nouvelles expériences et de plaisirs matériels et le besoin de réfléchir et de se reposer.

La Lune symbolise une intuition accrue et une tendance à repenser au passé, notamment aux traditions et aux ancêtres. Cette carte se réfère à l'influence des dettes karmiques sur le présent. Elle encourage l'utilisation de ses talents pour une réussite professionnelle. Les nombreux aspects positifs de la carte de la Lune sont : l'innovation, les récompenses, le respect, la protection et le réconfort.

Sa signification négative peut être l'indifférence, l'instabilité, la dépression ou les services non reconnus.

Dans un tirage de **personnalité**, cette carte décrit une personne avec une grande intuition. Elle peut aussi indiquer une personnalité mélancolique ou hypocondriaque.

Dans une **relation**, la carte de la Lune indique le désir des partenaires de se reposer et de passer du temps dans la tranquillité et le confort. Ils ont une confiance mutuelle l'un dans l'autre.

Pour le **travail**, la carte de la Lune recommande de suivre le chemin prévu, sans innovation ni changement soudain.

Concernant le **bien-être**, la Lune symbolise des émotions instables, des changements d'humeur, une occasion de réfléchir.

33. LA CLEF

Ouverture ou fermeture, opportunités, souhaits, nouveaux départs.

La Clef symbolise un moyen de sortir de la situation, une solution au problème, une nouvelle perspective ou une nouvelle phase. Elle symbolise le bon choix, basé sur l'expérience personnelle. Cette carte traite des questions clés qui influencent le chemin de vie d'une personne. Elle peut symboliser la divulgation de secrets, ou la nécessité d'être honnête pour atteindre ses objectifs. Dans son aspect négatif, la Clef signifie qu'il n'y a pas d'issue, que la solution est retardée, ou que c'est tout simplement la mauvaise voie.

Dans un tirage de **personnalité**, la Clef décrit une personne à l'esprit analytique capable de percevoir l'essence même des choses. Cette personne a confiance en elle et a une forte personnalité, à la fois physique et morale. Il/elle a des opinions très tranchées, parfois même un certain mépris pour les points de vue différents.

Dans une **relation**, cette carte promet une évolution favorable des choses. Elle suggère la transition des relations vers un nouveau niveau, où des personnes aimantes deviennent très proches.

Concernant le **travail**, la Clef signifie une période favorable, pleine d'entreprises réussies et de bonnes opportunités pour réaliser son potentiel. Cette carte apporte l'illumination, une percée scientifique, la maîtrise d'un sujet ou le règlement de dettes.

En matière de **bien-être**, la Clef indique l'émancipation, la prise de conscience et le développement de ses talents.

34. LES POISSONS

Finances, bien-être, récompenses, abondance, générosité

La carte des Poissons est un symbole d'espoirs réalisés, de réussite, d'affaires conclues, ou d'honneurs et de récompenses au-delà de vos attentes.

Cette carte positive signale une excellente santé associée à la prospérité et au bonheur domestique. Cette carte signifie que le destin vous sourit. Vous avez trouvé votre voie. Attendez-vous à des cadeaux, de l'argent, de bons échanges, des transactions et des projets réussis.

Avec des cartes négatives environnantes, les Poissons mettent en garde contre les désirs irréalisables ou la confiance dans les mauvaises personnes.

Dans un tirage de **personnalité**, cette carte dépeint une personne sûre d'elle, consciente de sa propre valeur et sachant se placer avant les autres. Cette personne a une vie active, aime voyager et ne termine pas toujours ses projets.

Dans une **relation**, cette carte indique que les partenaires ont des sentiments forts l'un pour l'autre et une excellente compatibilité.

Dans le domaine du **travail**, la carte des Poissons signale le développement spectaculaire d'une entreprise commerciale avec un résultat bénéfique pour tous les participants. Attendez-vous à des investissements fructueux avec de forts bénéfices.

Pour le **bien-être**, cette carte encourage le repos et les loisirs près de l'eau.

35. L'ANCRE

Constance, sécurité, fiabilité, stabilité

L'Ancre est un symbole de bien-être et de stabilité après des moments difficiles. Elle indique la réalisation d'objectifs grâce à la loyauté et à la constance des personnes impliquées. Cette carte symbolise que votre cercle le plus proche sera pour vous comme un sanctuaire, un havre de paix. Attendez-vous à des succès dans le domaine des affaires. Du côté négatif, l'Ancre symbolise une fondation chancelante, le manque de convictions claires, l'entêtement ou la rigidité dans les idées. La carte peut également signifier le fait de se sentir coincé dans une routine.

Dans un tirage de **personnalité**, cette carte décrit un personnage résolu, équilibré, têtu et souvent raisonneur. Cette personne peut être trop attachée à son emploi, être une sorte de bourreau de travail.

Concernant les **relations**, l'Ancre symbolise un partenaire loyal et fiable. Cette carte indique des sentiments stables et une grande dévotion. Les bases sont solides pour le bien-être de la famille.

Dans le domaine du **travail**, l'Ancre indique une entreprise stable avec une bonne base matérielle. Prendre des décisions efficacement améliorera la possibilité de réaliser vos plans. Votre travail peut vous sembler devenir routinier, mais votre revenu sera fiable.

Pour le **bien-être**, cette carte révèle l'importance des relations bénéfiques. La santé est stable. S'il y a une maladie, elle est probablement chronique (et liée à l'environnement), il n'y a donc rien de grave.

36. LA CROIX

Problèmes, destin, souffrance, karma, fardeau

La Croix symbolise les leçons de vie difficiles mais nécessaires pour l'apprentissage, la transformation et la remise en question de valeurs fondamentales. Cette carte est liée au destin et au karma, qui pourraient amener à des événements qui mettront à l'épreuve votre foi et votre esprit. Cette carte marque le début d'une période difficile. Mais la souffrance ne sera pas vaine, elle sera au service de vos grands objectifs.

Dans un tirage de **personnalité**, la Croix décrit une personne ordinaire, sans éclat, ayant le cœur rempli de tristesse après avoir porté de lourds fardeaux.

Dans une **relation**, cette carte suggère que votre amour devra subir une épreuve ou un test.

Dans le cadre du **travail**, la Croix signifie des pertes importantes et de mauvais développements. Il est impossible de faire revivre la grandeur d'une époque passée.

En ce qui concerne le **bien-être**, elle présage un danger lié à une maladie douloureuse et compliquée pouvant être le résultat de mauvais choix de vie.

TYPES DE TIRAGES

Nous allons détailler ici certains des tirages les plus populaires et les plus efficaces pour une lecture du Lenormand.

TIRAGE À LIVRE OUVERT

Dans ce tirage, les cartes symbolisent les pages du « Livre des changements », qui contient les réponses aux questions pertinentes de votre vie. Ce tirage populaire permet au consultant d'obtenir les informations nécessaires et des réponses d'une précision optimale.

a. Formulez clairement votre question.
b. Choisissez le SIGNIFICATEUR : la carte du MONSIEUR ou de la DAME (afin de représenter un individu) OU choisissez une carte qui correspond au mieux

au sujet de la divination. Remettez la carte du SIGNIFICATEUR dans le jeu et mélangez les cartes tout en vous concentrant sur votre question.

Tournez le paquet de cartes face vers le haut, puis étalez les cartes sur la table en forme d'éventail, de manière à retrouver la carte choisie précédemment.

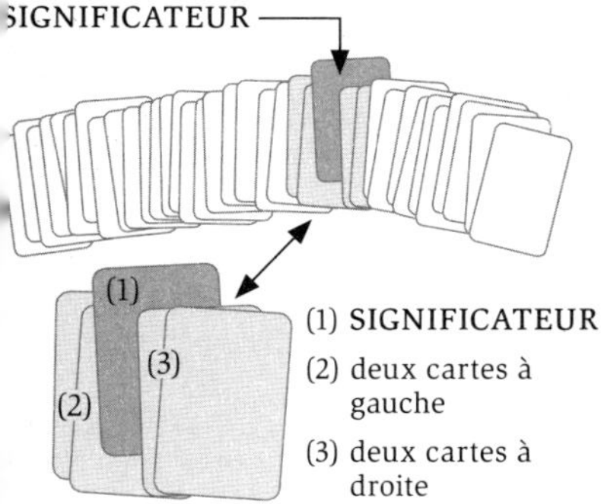

Gros plan sur des cartes en éventail

d. Repérez le SIGNIFICATEUR (1) ; puis prenez les deux cartes à sa gauche (2) et les deux cartes à sa droite (3) et disposez-les dans l'ordre où elles sont apparues dans l'éventail. (Comme indiqué dans la disposition ci-dessous). Ces cartes forment la base du tirage :

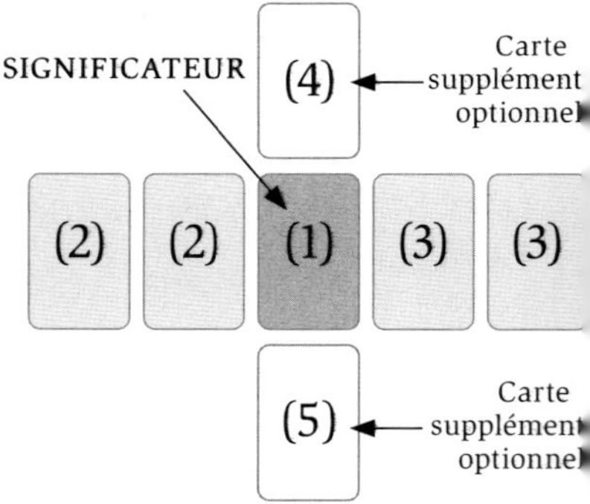

e. Les cartes situées à gauche du SIGNIFICATEUR (2) symbolisent **le passé ou l'essence du problème énoncé**. Les cartes situées à droite du SIGNIFICATEUR (3) montrent l'évolution future de la situation.

f. Si vous estimez que vous n'avez pas obtenu suffisamment d'informations, vous pouvez utiliser deux autres cartes supplémentaires. Prenez la carte au-dessus du paquet et placez-la au-dessus du SIGNIFICATEUR (4). Cette carte indique **l'aide que vous obtiendrez pour résoudre la situation**. Prenez ensuite la carte se trouvant au bas du paquet et placez-la sous le SIGNIFICATEUR (5). Cette carte désigne **vos ressources intérieures,** que vous pourrez utiliser dans la situation donnée.

g. Si vous voulez obtenir des réponses à d'autres questions, répétez l'opération.

TIRAGE À NEUF CARTES

Dans ce tirage, les cartes symbolisent les témoins de la situation qui partagent avec vous des informations importantes. Le tirage à neuf cartes est utilisé pour une analyse complète et détaillée de la question.

a. Choisissez un SIGNIFICATEUR : la carte du MONSIEUR ou de la DAME (pour représenter un individu). OU une carte symbolisant l'essence de votre question. Placez le SIGNIFICATEUR (1) au centre de votre tirage.

b. Mélangez les cartes, tout en vous concentrant sur votre question. Disposez ensuite huit cartes dans un carré autour du SIGNIFICATEUR comme indiqué ci-dessous.

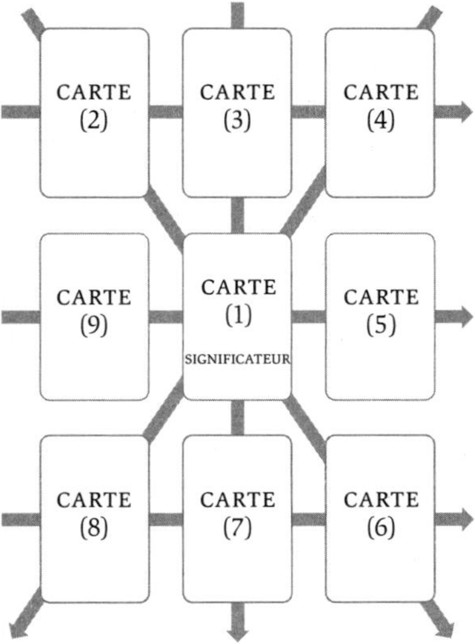

c. Interprétez chaque carte séparément en relation avec le SIGNIFICATEUR (1).
d. Pour chaque paire de cartes, écrivez une phrase faisant référence au contexte de la question posée. Reliez les phrases entre elles afin de créer un récit.
e. Interprétez la signification de trois cartes à l'horizontale. La deuxième carte indique les circonstances ou la raison principale de la situation actuelle.
f. Interprétez la signification de trois cartes à la verticale. Les cartes peuvent être considérées comme le passé, le présent et le futur.
g. Interprétez la signification de trois cartes en diagonale, en partant de la carte supérieure à gauche jusqu'à la carte inférieure à droite.

h. Analysez toutes les informations obtenues en lisant les cartes individuellement et en relation les unes aux autres.

À PROPOS DE L'AUTEUR

Alexander Ray est un psychologue, écrivain et illustrateur russe populaire. Sa méthode de voyance « AntiTaro » et sa méthodologie sur la recherche du destin sont devenus des best-sellers et ont aidé des milliers de personnes à trouver leur place dans la vie.

Alexander écrit des romans sur des sujets spirituels et ses livres sont publiés par les grandes maisons d'édition russes. Mais les fans de ses livres se trouvent dans le monde entier.

Alexander contribue également à l'élaboration de jeux vidéo et écrit des scénarios pour des séries animées. Ses livres pour enfants *Island of the Giant Tree* et *Da Vinci Owl: An Inventor's Code* ont également été traduits du russe à l'anglais.

NOTES

NOTES

NOTES

NOTES